네가 곧 나다

표성흠 시집

도서출판 경남

| 시집을 내면서 |

살아서는 그늘, 죽어서는 불

— 나는 그런 시를 쓰고 싶은 것이다

천둥 번개 속에
거목이 쓰러져 나자빠졌을 때
아무도 그 속에 새가 있다는 걸 몰랐다.
천년이고 만년이고를 억겁 지나
박물관 한 귀퉁이를 차지했거나
그것이 우리들 방을 데우는
따뜻한 괴탄 혹은 천연가스가 되어
돌아왔을 때에도, 이것들이 어떻게 왔는지
아무도 눈치 채지 못했다. 법륜法輪처럼
제 몸을 소신燒身 단단히 응집된 힘
화석 아니면 잠자는 불

| 차 | 례 |

제1장

제2장

제3장

제4장

제1장

줄 안에서의 밥 줄 밖에서의 자유

염소는 고삐에 매달려 있다
개는 개목도리에 묶여 있다
사람은 시곗줄에 감겨 있다

이 줄 밖에서의 자유
너와 나의
만남
시

나는 많은 것을 바라지 않습니다

하루 두어 끼 밥
적당히 머리 뉠 곳
헐렁한 옷 한 벌
지갑엔 카드 한 장
가벼운 신발에
어디라도 떠날 수 있는 자유
내가 꿈꾸는 것은 이것뿐

그리고
그대가 곁에 있다면

네가

곧
나다.

눈은 바다에서

하나씩 따로
바람에 실려 왔지만
서로 껴안고 사는 지혜를 안다.

땅에 내려서도 흩날리면 안돼

눈사람을 만들면 눈사람으로
숯검뎅이를 붙이면 숯검뎅이로
병껍데기를 붙이면 병껍데기로
바보같은 눈썹을 붙이고

그렇게 한겨울을 나고 녹으면

어느 한 떨기 꽃나무
뿌리를 적시다가 잎을 피우고
드디어는 꽃눈이 되어 살아나는 눈
다시 한번 꽃잎을 바람에 날리리라.

흙밥이 되어 바다로 간다.

멧돼지같이

저돌적인 것이
밤새 나를 파먹는다.

꿈인가 깨었으나
현실이다.
오래 된

기억 하나.

떨어지는 꽃잎이 더 아름다운 동백

정신이
육체의 고통을 이기도록
맞불을 지핀다. 토혈!

무수히 참수 당한 꽃잎들

바람의 띠배에 실려 가는
푸른 바다 저편

어머니 가르마 사이로
동백기름 냄새가 난다.

선인장

이 불타는 홍염은
가시를 세우고
자기를 지킨
영광의 화관이다.

오오! 순간의 격정이여
모반의 순간이여

다시 선인장 앞에서

백날을 기다려
천 날 만 날을 기다려
피운 꽃인데

허망타
겨우 한 순간에
고개 숙인 꽃대

이 배리의 계절에
하늘엔 비
가슴엔 비수

고강한 힘

소나기 천둥 번개 휘몰아치는 소리
천군만마 내달리는 말발굽 함성도
나뭇잎은 사뿐히 한 손으로 받아내

고양이의 반장화

예초기로 풀을 친 뒤
풀잎이 말라붙은
장화를 씻는다.

문득
수돗가에 벗어놓은
아내의 반장화를 본다.
밑창엔 자갈이 박혀 있고
신발 속은 아예 진창이다.
함께 씻어 말린다.

고양이가 발을 담았을
하늘색 반장화는 겉만 파랗지
구멍이 나 있다.

하 트

— 지족선사에게

꿋꿋했던
지조도

소용없는
조가비

불가분의 관계

파도가
하루에도
천만 번도 더 자신을
부서뜨리는 것은
바다이기 때문이다

바위가
하루에도
천만 번을 더
깨어지는 것은
해안이기 때문이다

그때 불꽃놀이가 시작되었다

축제는
끝나고

다들 집으로
돌아간 사이

음 악

소나기 나뭇잎 밟고 오는 소리
청개구리 우는 소리 먼 원뢰
그 속에서 들리는 연습비행기
꿩 소리 새소리 유월 여우비
소리들이 모여 피우는 장미

잔치.

열 정

타버린
재

남은
불
씨

보리똥이 익는 계절

가을 잠자리
날개가 투명해진다.
저 가벼운 것도 이제
벗어버릴 태세다.

이제 가진 것 다 놓고
떠나야 할 때다.
동병상련!
목 놓아 우는 매미.

귀 리

마른 대궁이 꽃씨 몇 개 얹고 조용히 주저앉는다. 반쯤 삭아 내린 꽃대에 죽은 고추잠자리 홑눈이 붙었다. 날개는 부서지고 쇠북소리 바람이 분다.

구르던 돌멩이가 수반에 담기기까지

수만 년의 세월이 있었다는 것을
그 시간 동안 울고 있었다는 것을
생각하라 그리하면 너의 눈물도

정당화되거나
오히려 버거워질 것이다.

저 홀로 울던 나무

그대
찾아가던 길 언덕
이팝나무 한 그루
꽃잎 향기 날려 길을 덮어
자전거 세워놓고 바라보면
이밥 숟가락처럼 소복이
허기지게 피나던 꽃송이
그리움 같아서
미움도 같아서

겨울 숲으로

가자 겨울 숲으로
아직 따스한 둥지

날아간 지 얼마 되지 않아
햇살 한줌 내려 비치는 곳

헤매임과 설레임 모두
애증의 부스러기이겠거니

오라 겨울 숲으로
어둠이 닥치기 전에 오라

제2장

한쪽 귓속에 방울 소리가 난다며

길 떠난 사람은 중도에서 나귀를 만났다.
방울을 달고 저 혼자 걸어가던
당나귀는 그를 따라간다.
파란 달이 떠 있다.
–저 봐, 바다야
–네가 찾던 거야?
–넌 바다를 본 일이 없구나, 그렇지?
나를 따라가면 바다 속 섬에 갈 수 있지
여우가 나타나 나귀를 타고 간다.
그는 다시 혼자 걷는다. 모래언덕
양쪽 귓속에 방울 소리를 들으며

청맹과니

길을 가다가 묻는다.
이봐, 여기가 어디쯤인가?
길 위라네.
길이라… 어디로 가는 길인가?
그것도 모르고 가고 있나.
난 사막으로 간다네.
내 길은 내가 확실히 알지
그런데 자넨 어딜 가나?
나는 길동무를 찾아
가고 있는 중이라네.
어딜 가려고?
그를 따라가려고…

지팡이 둘이서 앞서거니 뒤서거니
그림자처럼 붙어가고 있다.

눈 오는 날의 도리짓고땡

에라!
모르겠다
쭉쭉팔 짓고
장땡이다.

인생사 오늘만 같았으면
벌러덩 드러눕는 방바닥

어라?
새륙장에
삼팔광땡이
납신단다.

눈 오는 날은

칼국수가 먹고 싶어진다.
두리판을 펴놓고 밀대로 민
통밀 판, 정지칼로 듬성듬성 썰어
똥 채로 그대로 말린 멸치 다싯물 우려내어
빽빽하게 끓인 그 칼국수가 먹고 싶다.
멸치가시 어린 새끼 목에 걸릴세라
대가리부터 꼬리까지 손으로 발라내
가랑파 송송 쓸어 넣은 간장종지에 찍어
제비새끼들처럼 입 벌리는 그 입에 먼저 넣고
울 오메 이마에 송송 맺힌 구슬땀 훔쳤지.
밀대 밀 줄도 모르던 아버지
옆에서 반죽은 거들었던가?
온 식구 화롯불 옆에 둘러앉아
별떡 달떡 만들고 난리라도 담배만 피던 양반.
눈 오는 날 그 칼국수가 먹고 싶은 건
눈이 밀가루처럼 보이기 때문일까.
하늘에서 마구 퍼붓는 밀가루 보면
그날들이 눈에 선해, 눈 오는 날은
칼국수가 먹고 싶어진다.

국화차

국화차 마신다.
황석산 어름에서 몇 개 딴 황국
비알 길 바람 함께
국화차 마신다.

정유재란 이후 올라앉은 산
황국이 산을 떠안았다.

올 가을에나 겨울쯤에는

지리산 칠불암 골 구들
아자방에 군불 뜨끈뜨끈 때놓고
자네와 한 사나흘 뒹굴고 싶네.
수줍은 홍매는 피어도 좋고 안 피도 그만
있어도 없어도 그만인 사랑니 같은 차꽃이
눈발에 휘날리면 그 또한 일품
폭설에 갇혀 오도가도 못 하면
그 핑계로 한 사나흘 더 있고.

가을 동화

귀뚜라미는
금수산 민박집 손녀 별명인데요.
칡넝쿨 감발 치고 너스랑 올라
머루랑 다래랑 따 할머니 갖다 드리며
나 시집 갈 때까지 살아야 돼 했다는데
서산마루 걸터앉은 할머니 망끼가 좀 있어
그 이야기 귓등으로 듣고 양지밭골 잠들었어요.
마침 그날인가 그 다음날 아니다 이듬해 어느날
금수산 등산을 갔는데요 이날따라 어찌 이리
귀뚜라미 소리 처연하든지 봉창문 닫아도
그 소리 구들장 밑까지 뚫고 올라와
이 담 커서 시집갈 때 청첩하면
혼수이불 해주기로 했는데요.

나도 망끼 생겼는지 잊었는데
약속 지키라며 전화 왔는데요.
혼수보다는 주례가 낫겠다며 전화 왔는데요.
이래되면 두 마리 토끼를 한꺼번에 잡는 거 아니겠어요?

얼음 밑을 흐르는 강물처럼

—60년대식 사랑

그대 아직도 몸부림 치나
숨죽여 흐르는 겨울 여울목의 버들붕어
한 자락 산 그림자를 끌어당겨 보지만 덮을 이불은 못된다.
이미 기차는 떠나고 길게 끄을고 끌리는 기적소리
언제 눈 녹은 물 흘러내려 실팍한 돌팍 밑에 알 슬어
진달래 수달래 꽃그늘 아래 새끼들 데불고 놀지
그날은 아득하기만 한데

강변에는 아지랑이
버들강아지 노랑 솜털 붓끝으로
봄편지를 쓰누나 꽃바구니 옆푸랑에 끼고
꽃다지 달롱개 쑥 뜯던 누이야 보아라
저기 강변 둑길 달려오는 자전거
배달부 아저씨 아니냐?
오늘도 수취인불명
되돌아오는.

가을노래

가을은 떠나기 좋은 계절
이별을 하려거든
가을에 해요
뒹구는 낙엽처럼
마구 흩어져요
손수건도 흔들어요
멋져 보이잖아요
손사래로 빠져나가는
개울물처럼
그냥 말없이 떠나요
우린 어차피 그렇잖아요?
모두 떨어질 때 해져요
우린 알고 있었지만
어떻게 할 수가 없었죠
좋은날은 오래가지
못하는 법이죠
코트 깃을 세우고
머리칼을 날려요

아름다운 로즈마리
떠나려거든
지금 떠나요

바람이 불면

—바람이 분다 살아야 한다*

바람이 부는 대로
물결이 치면 물결치는 대로
왜 그렇게 살지 못했을까? 무엇 때문에
눈에 쌍심지 돋우고
입에 게거품 물고
가슴 쥐어뜯었을까?
다 그만인 것을
다 그만인 것을

해 다지고 밤이 오고
어둠 속에서 등불 하나 밝혀놓고
밤이 지새기를 기다린다
이 밤이 새기는 샐까?
눈바람 차고 땅은 울고
심상치 않은 낌새다
잘못짚은 대가를 치르려 하나
눈이라도 와서 덮어버렸으면
덮어질까? 발자국 선명하고
선명한 추적소리

그대 등 뒤에 숨고 싶어라
금빛투구의 햇살이여
뿔 고동 높이 부는 승리의 소리여

*폴 발레리의 시에서 : 생각하는 대로 살지 않으면 사는 대로 생각하게 된다.

버스 타고 약봉지에 쓰는 시

나는 한 달에 한번 대구 간다.
21세기병원 심장전문의 특진
처방전 받아 약도 타고
동구시장 칼국수도 사먹는다.

나는 한 달에 한번씩 역사기행 간다.
문화답사반 학생들과 함께
역사에 남을 인물과
그렇지 못한 인물을 이야기 한다.

버스 타면 편안하다. 이 얕은 잠
졸며 꿈꾸며 헤매는 호접몽
나는 한 달에 한번 기도한다.
철심 박은 심혈관 막히지 않게.

나무는 도끼에 찍혀서도

묵묵할 뿐이다
장작개비가 되어
난로 속에 들어가
겨우 한 마디

나 누군가를 위해
타고 있는 거야? 정말

제 살을 다 사루면서
숲 속을 노래한다.

타는 것과
태우는 것의 차이
나무는 재가 되어
나무가 되는 이치를 안다.

연기 · 사랑 · 마더 테레사 1997년

저것 봐!
장작이 타지?
혼자 못해 껴안고
까맣게 숯덩이로 변하지
재가 되어 날아가는 굴뚝 연기
형체도 없이 사라지면서
방안을 따스하게
데워주는 것

누구나 제 살을 태워가면서까지 사랑하진 않는다.

연기가 난다
어둠 너머 저 멀리
카레 냄새를 피워 올리며
밥 익는 소리를 내는 이 넉넉함
오늘 누군가 떠나간다, 세상 다 버리고
아무도 몰래 바람 되어 날아간다.
소리와 냄새와 빛이 되어
가득하게 하는

그때가 언제인지 모름으로

그 혼자 생쥐눈을 뜨고 있다
낯선 도시를 향하여, 아니 돌아가는 길이라도 좋다.
기차는 내달리고 기적은 울고 눈은 내리고
창 밖에는 차단한 간이역 지나치는 등불들
이만하면 좋다 열 처녀* 모두 지쳐 잠든 밤
그 혼자 생쥐눈을 뜨고 있다.
언제 낚아챌까 누구 주머니를 털어갈까.
세속적 은어로는 그를 쇠꾼이나 쓰리꾼이라
부르지만 우리들 중 그가 누군지는
아무도 모른다 함께 섞여가는 이 기차 속에
그 혼자 생쥐눈을 뜨고 있다.

아무도 쇠꾼 같지 않고서는 그를 볼 수 없다.

*마태복음 25장 열 처녀의 비유.

돌아가는 길에

세상구경 잘 했다
말할 수 있는 사람은 행복하다
길동무도 좋았어, 이럴 수 있다면.

간이역에서 만났던 사람
무슨 이야길 나누었던가?
설사 누가 먼저 내렸다 하더라도
종착역까지 함께 했더라도
만남은 아름다운 것이다.

더 이상 말하지 말자
스쳐지나간 것들에 대해. 이제 곧
우리가 곧 창 밖 풍경이 될 테니까.

해묵은 외투주머니에서

코풀어 넣은 손수건
검표하지 않은 차표
이미 시효가 지난 메모
긁적거리다 만 시도 한편
그때 기다림이 이랬던가?
간이역 불 들어온 한참 뒤
어스름이 밀어내는 나무의자
누구였든가, 기억에도 없는데
단 한번 접선에 실패했던 사람
해묵은 코트 깃을 다시 세우고
없는 간이역을 걷게 만드는데
그때는 왜 연착이라는 말을
몰랐을까 오지 않는 기차
저 혼자 삭아 내린 의자
싸락눈이 붐비는데

떠내려가는 통나무는

물을 거스르지 않는다.
물가의 오리도 바람을 거슬러 앉지 않는다.
자연 속에 사는 것들은 다 그렇게 알아서 한다.
사람만이 오직 이 이치를 역행하려 한다.
그래서 맹자는 관수법을 설說했다.

오늘은 왜 이 말이 하고 싶은지
대숲에 가서 크게 외치고 싶다.

당나귀 귀

당나귀는 귀로 말을 한다네.
남의 말을 들을 때는 앞으로 내밀고
그 말에 수긍할 때는 귀를 흔들지
남들은 입으로 말을 하는데
당나귀는 귀로서 말을 한다네.
건강할 때는 두 귀가 쫑긋
아플 때는 처지고 차마 못들을 말
들을 때는 귀가 간지러워
저 혼자 저만큼 돌아서 웃는다네.

너를 보내고

새소리를 들었다
멀리서 가까이서 혹은 내 안에서
말인지 아니면 그저 하는 발성연습인지
새는 숲 속에 있었고 나는 창가에 있었다
전에도 살았던 새들이었을 텐데
혼자 하는 뜻 없는 말인지
둘이 나누는 말인지

별들이 말 한다
행복이 한 움큼에 얼마에요
믿음 한 움큼 값이지요
믿음이 한 움큼에 얼마에요
행복 한 움큼 값이지요
스치는 바람결에도
흔들리는 잎새

새들도 돌아가는구나
별들도 잠드는구나
오직 혼자 창가에 서서

너는 무얼 하는가
안개 오르는 새벽 미명
숲새들 날아 바람이 부는데
바람이 불어 숲새들 나는데

장 승

너는 아무도 오지 않는
길 가에 너무 오래 서 있었다
눈이 붉어지고
귓불이 처져 내리도록

그러나 결국
아무도 오지 않았다

꽃 진 자리
—검버섯

언젠가는
깨어지기 위해
생성되는 것.
흙에서 나
흙으로 빚어진
항아리.
한때는 한가득
술을 담고
향을 담아
향합이었던 것이

제3장

아저씨, 그래도 불건 불어야죠
— 면허취소

…니 그래 짯히거던 종답이고 선산이고 다 팔아 메꾸지 와 그라는데 종손이 뭐 밥 먹여주나? 야 임마야 말이야 쉽지 그게 그리 간단하드나. 니는 안 당해봤나? 산사태 나듯 우르르 쓸어내리는 걸 낸들 무슨 재주로 감당하노. 말처럼 그리 홀홀하지 않더라카이. 그래 그 심정이야 오죽할까 그래도 하 안타깝다 아이가. 집이 날아가면 처자식 끌안고 당장 오데다 머리 뉘단 말이고 말이 쉽지 겉보리 서 말만 있어도 처가살이 하는 거 아이라 카데. 친구와 헤어져 돌아오는 길에 딱 한잔, 딱 한잔 아니 한 병 했습니다…

영화 속에서는

주인공이 끝까지 살아남는다
왜 그런지 아나
각본이 그렇기 때문이다
시나리오 없는 현실에선
그렇지 못하다

환상이 없는 세상에서
꿈처럼 사는 사람이 있다
왜 그런지 아나
내일을 모르기 때문이다
이 외줄타기를 본다

오래된 영화에서
말을 건져내는 사람이 있다
왜 그런지 아나
아직 순수해서다
이 어림을 노래한다

산에 대한 생각

아무도 모른다.
산이 왜 우는지 아나
내 생각엔 자기를 안다는 사람들이
찾아오기 때문일 거라. 안다고 찾아온 이들이
가슴을 짓밟고 못을 박기 때문일 거라. 안 그럴까?

산은 조용히 나무를 길러
산은 조용히 숲을 가꾸고
산은 조용히 바람 더불어
구름을 안고 살고 싶거든
그리하여 다람쥐 산비둘기
더불어 놀 터를 만드는 거야
산은 조용히 옹달샘 길어
산은 조용히 개울로 흘러
산은 조용히 바다를 깨워
구름을 안고 살고 싶거든

아무도 모른다.
산이 왜 웃는지 누가 아나

내 생각엔 자기를 모르는 이들이
찾아오기 때문일 거라. 모르고 찾아왔다가
가슴 가득 산을 안고 가기 때문일 거라 생각하는데?

마음이 마음 같지 않을 때

산에 올라 울다 잠들었으면
이대로 영영 잠들었으면 할 때가 있다
이때가 영혼이 가장 맑고 찬 때문이다
산을 오른다는 것은 첫걸음부터 끝까지
자연과 속마음을 터놓는 일이다 다 벗고
빛과 그림자 어우러진 산길을 혼자 걸어라
아직 한번도 들어보지 못한 소리들 들려라
아직 한번도 상상하지 못한 광경들 보여라
그 누구도 대신 할 수 없어라 혼자 걸어라
산길의 굽이굽이여 바람의 시원함이여
정해진 길도 없이 떠도는 노루나 토끼
계곡을 감돌아 숲길을 거침없이 올라
산정에 우뚝 서 느끼는 이 엑스터시!
이런 날은 죽어도 하늘로 들려가리
이대로 잠들었으면 할 때가 있다
산에 올라 울다 잠들었으면

숲 속의 강물처럼

내 너를 위해 타는 저녁놀을 만든다
그리하여 어둔 밤이 올 때
사라지지 않는 별들을 밝히게 하리

밤은 어둡다
달은 태양을 가린다
낮은 세차다

내 너를 위해 아침 이슬을 만든다
그리하여 날이 밝아 올 때
목마르지 않는 찬물을 마시게 하리

가시연을 보러 갔더니

가시연은 아직 피지 아니했고
둥그런 연잎만 물 위에 떠 있더이다.
꽃을 보지 못하는 까닭은
날씨가 궂어서라고 햇빛만 나면
물 속에서 나와 눈 맞춤 한다는데
기차시간 늦어 잎만 보고
돌아왔습니다. 사진 한 장 찍어
보냅니다. 꽃은 물속에 있다고
생각하세요. 가시 속에 감추어진
말하지 못한 말도 항상 그렇잖아요.

매월대 가는 길

물봉선 버선 벗는다.
맨발로 서서는
물 항라 속적삼까지

훨훨 벗어던지고
속이파리 속에
드디어 연 입술

허리띠 푼 채 장끼 날고
물봉선 고개 떨군다.

떨어진 꽃잎
사이사이로 더덕냄새
폭포소리 아득하다

소리와 냄새

장작 타는 소리
네겐
그런 냄새가 나

서로
등을 부비며
폭포를 거슬러 오르는
연어 떼

비린
밤나무 꽃
냄새가 나
알 스는
소리

선비는 샘물을 마시러 오지 않는다

지리산 선비샘 밑에
무당개구리 한 마리 있는 것 보았나? 여우비 내리다 그치고 등산객 뜸한 날
함초롬 피어난 난초꽃과 눈을 맞추더니
갑작스레 누가 누구에게 채였는지 에구구
빨간 배때기를 하늘로 내놓고 데굴거리고
반야봉 아니면 더 먼 노고단을 배경으로
노을도 저 홀로 서럽게 비껴 타오르는데
그 모습 하 심상찮아 사진길 들이대는데
이게 웬일인가 개구리 벌떡 일어나
언제 그랬느냔 듯 눈을 껌벅거리고
풍란은 돌아앉아 제 볼일 보네
산이 가끔 헛것을 보인다더니
샘물은 여전히 솟아오르는데
별 일이 다 벌어지네 그려
지리산 선비샘 밑에 쇼가 벌어져 장구 둥둥 꽹과리 둥둥

심봉사 잔치 그 뒷날

건전지는 충전하면 되지만
내 몸은 그럴 수 없다
이미 주어진 시간을 다 써버린 후
덤으로 얻어 떠듬떠듬 걷는 길
그래도 이게 어디냐며
지팡이 없이 걸어보는데
잔치가 너무 늦었어, 조금만
더 일찍 만났어도, 청아 내 딸아
심봉사 혼자 투덜대며 간다.

그래도 딸년 덕분에 용궁구경
세상 볼 거 많이 본다며
애꿎은 돌부리 걷어차며
심봉사 터덜터덜 혼자서 간다.

효불효교

신라 경주 가면 효불효교 있다
남산 아래 쑥기떡 장수가 왕경 사내와 눈 맞아
남몰래 건너다니던 시냇물, 이 냇물이 얼어
버선발 벗고 건너는 제 어미 발 시릴까
자식들이 놓아주었다는 징검다리
죽은 아버지에겐 불효지만
산 어미에겐 효도라는 뜻에서
후세 사람들이 붙여준 전설의 다리
영화에 메디슨 카운티의 다리가 있다면
경주 남천 가면 효불효교가 있다.

경주만 가면 도깨비가 된다

신라 경주는 사시사철 잔치가 열리고 달 밝은 밤이면 처용이 춤을 추었다는데, 어느 집을 막론하고 굴뚝에 연기 하나 나지 않는 싸리나무 땔감을 이용해 밥을 지었다는데, 그 영광의 날들은 어디 가고 경주 남산 돌부처는 코가 깨져 상처 나고 더 심한 곳에는 무두불로 가부좌 튼 채 앉지도 서지도 못하고 엉거주춤, 높아만 가는 아파트에 짓눌려 자꾸 몸을 낮춰 기어드는데 술잔 돌려 한 수 시를 읊던 포석정 역시 스산한 바람이 스친다.

팔우정 해장국이 선지였든가 콩나물이었든가. 날밤이 새도록 술에 취해 신라의 달밤을 부르며 선덕여왕의 눈매가 고왔다느니 아니라느니 밤마다 왕관을 뒤집어쓰고 방구석을 헤매다가 결국 자수했다는 도굴꾼 이야기를 하는데 뜬금없이 웬 핸드폰이냐 왕릉 속에선지 에밀레종 소리 속에선지, 거기 그렇게 퍼들고 앉았으면 어떡하느냐 볼 일 다 봤으면 황남빵이라도 사갖고 빨리 돌아올 일이지 또 무슨 술 도깨비짓이냐며 불호령이다.

이게 누구신가 휘적휘적 걸어가시는 이, 백비탕 끓여 아내를 위로 했다는 백결선생 아니신가. 아니 저기 저 여인아 칠성다리 건너 남산골 쑥기떡 어미 아니신가. 이 보오 지금도 임 만나러 가실 때 버선발 벗으시는가. 희대의 로맨티스트들을 따라 역전으로 가는데 발은 계림으로 빠져들어 한 바탕 잔치 벌어졌구나. 얼쑤, 두두리* 춤판인데 우두커니 나무그루터기에 앉은 놈 네놈을 잡아 보쌈을 하리라 반딧불이를 좇는 등신아 등신아.

*두두리 : 신라 도깨비.

백제 와당에 웃는 얼굴 있지요

꼭 당신을 닮았어요. 고도 부여 부소산 오르며 문득 뒤돌아보다 마주친 얼굴 상기된 그 모습에 그래도 미소를 띄우려고 애쓰던 당신은 누구시었던가요? 천년도 더 전에 우리 이미 만났던 사이가 아니었던가요. 공주님이라도 좋아요 아니라면 삼천궁녀 중 하나이거나 물 길러 가던 나인이라도 좋아요, 나도 거기 맞춰 신분을 정하면 되니까요, 왕자이거나 시종 혹은 종놈이 되면 그만일 터이니까요, 중요한 건 웃고 있었다는 사실이지요. 웃는 낯에 누가 침 뱉나요 웃었다는 게 중요하지요, 그것도 날 보고 웃었다는 게… 지금도 나는 그 미소를 떠올리며 산성을 걷고 있답니다. 천년 세월을 두고 웃는 당신을 두고 사람들은 부처라거니 염화시중의 미소라 거니 하지요. 어쨌거나 좋아요, 나는 진흙에 찍은 웃는 얼굴 하나 사서 목에 걸고 산성을 오르고 있는 중이랍니다. 당신을 다시 뵈올까…

부여 고란사 가면

고란초 있나요? 백제왕이 마셨다는 돌우물 그 물 떠다 바칠 때 한 잎 띄웠다던 고란초 잎 보고싶구요. 백마강 굽이굽이 삼천궁녀 낙화암도 궁금하구요. 그래서 말인데 꿈에 부소산성 혼자 올라 가만히 둘러보았지요. 임아, 어찌 물 한 사발도 그냥 들이키지 못했나요? 그렇게 믿기지 않던가요? 아소, 날랑은 어찌 살라고 여직 날 괴롭히시나. 이제 그만들 하소 백제 마지막 왕이 손사래 치더이다. 네 그랬겠지요 나라도 그랬을거구만요. 삼천궁녀 거느릴 정도라면… 왕이 웃더이다. 비로소 파안대소 동지애를 느끼고 웃더이다. 그런데 왜 이제야 나타났냐고 나무라더이다. 뿔잔을 높이 들고 술도 한잔 하구요 한참을 그렇게 놀았지요. 그리고 마지막으로 임아, 당신은 어디메 계시냐니까 그제야 슬피 울더이다. 왜 남의 땅에 던져두느냐고 날 좀 거둬달라고 북망산 바람이 되어 떠돈다며 울더이다.

마취제로도 쓰였던

고란초는
바위벽에 붙어산다.
아무것도 살 수 없는

옛날 부여 고란사에는
왕의 물을 길어갈 때 한 잎
이 고란초를 증표로 띄워 갔단다.
이제 보통 사람들도 이 샘을
퍼 마신다 뭐나 된 듯

누가 알겠나.
물 한 방울 없는 낭 끝
돌이 고란초에 붙어살았는지

고견사

진달래 수줍은 볼 터치
숫노루 두 귀 쫑긋 물속
제 그림자 바라본다.

산죽을 헤치고 오르는 산길
굴밤나무 헛기침에 깨어나

산금은 산금끼리
구름은 구름끼리

산마루 우듬지를 연이어놓은
정점들이 잔잔하면 할수록
그 산은 만만찮다

오래 된 암자 하나
빛바랜 두리기둥 떠안고
풍경만 저 홀로 운다.

위구르에서 만난 바람

위구르족이 산다는 무시무시한 숲 속에 하얀 천을 뒤집어씌운 파오가 하나 굴뚝 위로 타다만 연기가 빠져나오고 있었지 안에 들어가 보고 싶었어 무척이나 추운 날씨였고 양젖을 발효시켜 만든 막걸리 같은 술 마유주도 마시고 싶었어 계세요? 들어가도 돼요? 아무도 없는 빈집 파오 바닥에 피워놓은 불씨를 중심으로 앉은뱅이 의자들이 있었어 손님용 의자도 따로 있었고 하루에 천리를 달린다는 말도 있었지 전설 같은 천리마 준마를 타고 내달리는 눈바람 속에 벌써 저문 밤 하얀 천을 뒤집어씌운 파오가 하나 눈을 뒤집어쓰고 있었지 고장 난 지프차 때문에 찾아든 유목민과의 동침 거기가 어디였는지 실크로드 주변의 어디였을 텐데 눈이 잘 오지 않는 사막 한 가운데 어디였을 텐데 기억 속의 사진 한 장밖에는 사진 한 장 남아있는 게 없다 그날 우리는 가진 걸 몽땅 다 털어 달아난 위구르 바람 때문에 목숨 부지한 것만도 고맙게 생각해야했어 그런데도 그곳에 다시 가고 싶은 까닭은 솔롱고 동방의 무지개 때문인지 위구르 바람 때문인지 모르겠어 다시 그리는 위구르 바람 올 겨울엔 낙타털을 깎아 짠 털모자와 장갑을 끼고 다시 위구르의 바람 속으로 천리마를 달리고 싶어

홉스골

빈 배 한 척
산을 향해 떠 있다
몽골 야크 풀을 뜯는다

동방의 무지개 솔롱고의 눈빛
잔물결 속에 달려드는
새벽 물안개
큰고니 울고
파오가 눈을 뜬다

큰 스님 말씀, 어린 동자의 반란

세상에는 태어나는 것도 없다
죽는 것도 없다 생성도 소멸도
그 모습을 달리할 뿐 질량은 변함없다
물이 나무가 되고
불이 다시 물이 되는 것과 같은 이치다
한번 존재한 것은 영원히 돌고 도는
윤회를 거듭할 뿐 사라지지 않는다
영혼이 몸에서 빠져나가 바람이 되고
바람이 몸속에 들어와 다시 사람이 된다
그러니 이 세상 무어거나 소중히 여겨라
아무것도 함부로 대하지 말라
만물이 존중의 대상이 되는 것은
개가 네 녀석이 될 수도 있고
네가 개 될 수도 있기 때문이다
이 윤회의 고리를 끊으면 해탈이니라.

그러면 외톨이 되겠네요?
말똥에 굴러도 이승이 저승보다 낫지요
그런 왕따는 싫어요 동자승은 싸리비를 들고
섬돌이나 쓸겠다며 법문 도중 휘잉 달아나버린다.

어린 동자의 말씀, 큰 스님의 반란

밥 잡수래요 진지 드시래요 공양이요 공양
어린 동자승 절간이 떠나가도록 공양게를 읊고 다닌다
부처님도 먹어야 살고 중도 먹어야 산대요
공양이래요 공양 스스로 작사한 게송을 읊고 다닌다

큰스님은 오늘도 면벽이신가? 새벽예불에 빠졌다
네놈이 아무리 외쳐봐라 내가 네놈 말 들을쏘냐?
큰스님은 사흘밤낮 석달열흘 가부좌를 풀지 않으셨다
극락조 한 마리 날아와 큰스님 손톱을 빼물고 간다

제4장

고 멜

체르노빌에서
수 십 킬로미터 떨어진 도시 고멜
거기 무슨 일이 있었던가?
아무도 모른다
지금은 방연 십 팔세
누가 봐도 꽃다운 처녀
나테지다는 아기를 낳았는데
선천성중추신경 이상으로
창자가 등 뒤로 튀어나온
이상한 아기가 수태됐다며
의사 갈리나 니콜라에브는
그녀에게 낙태할 것을
권했다 그러나 그녀는 출산했다
체르노빌 원전이 터졌을 때
그녀는 세상모르는 두 살 박이
어린아이였을 뿐인데
단지 거기 살았다는 것뿐인데
방사선유출이 있던
체르노빌에선 수십 킬로 밖

바람이 고멜로 불었을 뿐이라는데
지금은 십 팔세
십 육년 전에 거기 살았단 죄로
첨단과학으로도 어쩔 수 없는
기형아를 낳고 말았다.
이런 기형아는 그녀만 낳은 게
아니란다 베드카시도
엘레나도 마찬가지 다운증후군
아니면 기형아
단 한번의 원전누출로
31명 사망 1천8백 명 갑상선 12만5천여 명 실명 3백5십만 명이 질병에 걸렸고 향후 1백만 명이 더 병에 걸릴 것이라는 보고서를 인용
아기를 낳지 말라는 의사의 권고에 나테지다는 뭐라고 대답했든가?
사랑, 사랑이라고
말 했다 이 사랑이
어떤 사랑일까?
전 세계의 시청자들은

울었다 나라도 그랬을 것이라
생각하며… 그러다가 문득, 정말?
다시 반문하고 고개를 흔들었을 것이다.
사랑은 아무나 하나!
과학이 너무 발달해도
큰일이야…라고 말 하며
다시 고개를 흔들었을 것이다
1970년 우크라이나 체르노빌에서
무슨 일이 있었던가?
바람은 키에로프로 고멜로
불어갔는데 거기 있었을 뿐인데
나타샤 역시 고멜시 어린이집에
손가락도 발가락도 없는
아이를 맡겨놓고 얼굴도
가리지 않은 아이를 안고
인터뷰에 응했는데
다시는 이런 일이 없기를
바란다고 울고 있었다.

제4의 시대

—아즈텍 신화에 의하면 지구는 세 번의 종말을 맞았고
2012년 네 번째 종말이 예견된다고 예언하였다—

1. 빙하기

평화롭던
천지가 얼어붙을 때
맘모스 한 마리 냉동되었다.

2. 간빙기

거대한 빙산이 쏟아져 내려
대협곡을 만들 때
너 거기 묻혔었는가?
훑어간 빙하의 발자국 아래
너의 피가 묻어 있었다.

3. 해빙기

그 DNA가 나를 재생시켰다.

이모
고마워
그 해 여름 물난리가 나고
해일이 몰아쳤을 때
날 업고 피신했다며?
난 아직 어려서 잘 모르지만
이 기상이변은 지구온난화 때문이라고
빙하가 녹아서라고 그러는데
다시 해빙기를 맞아
해수면이 높아지면 일본열도 같은 건
물속에 잠긴다는데 그 대체 무슨 말이야?
다시 노아홍수가 오는 거와 마찬가지라고
말하는 사람들 말이 맞는 거야?
어떡해? 나 같은 지체부자유아들은
어디로 가야하지?
왜 이런 현상이 생기는 거야?
온실효과는 가속되고
문명의 이기는 갈수록 늘어나
쓰나미가 일어나면

필리핀 해변이 떠오르는데
이모
벌써 잊어버렸어? 그날 잃어버린 신발 한 짝
바그다드를 향해 진군하는
탱크소리보다 더 쩡쩡한
외마디 외침이 꿈마다 나타나는데
우리 이제 어떡해?
저 빙하 다 녹도록
시뮬레이션 게임이나 하고 있을까?
쇼나 보고 있을까
운석이 떨어져 패인 자국보고
집단쇼크 일으켰단 뉴스 봤어?
불타는 들판을 향해 마구 질주하는 외인부대
이제 시작이야
수탉이 마루 밑에 숨고 슬그머니
짖던 개가 꼬리를 내리고
마을은 검은 연기에 휩싸여
아수라장이야
여기서 벗어난다는 건 쉽지 않아

땀에 젖어 일어나 창을 열지
그래도 마찬가지야
이모
이렇게 매일 밤 편지를 쓰지만
부치지 않을 건 자명해
부쳐도 안 읽을 거잖아?
그것도 뻔해
이제 신 새벽이야.

4. 지구 종말

그런데 나는 왜 이래?
지구 종말이 온다는데
장가도 한번 못가보고
죽는 거 아냐?

나도
그 DNA 하나 묻어놓고 돌아가고 싶은데

그런데 요즘 왜들 이래?
그때가 언제라 했든가?
그날이 오면 한반도는 비어
사람 하나 없는 빈 땅이 된다는데

나도
공지정책에 일조를 하고 있는 셈인가

5. 로봇 세상

영화에선 잘도 그런다
사이보그가 시장을 보고 살림을 산다
그러다가 저도 인간이 되고 싶고 사랑도 원한다
로봇도 부러워하는 인간인데 그런데 이런 말이 있다
예전엔 호랑이가 사람을 잡아먹었지만
지금은 먹어라 해도 안 먹는단다. 냄새나서
못 먹는단다. 이 구린내 맡기 싫어
주민등록 옮긴 짐승 수두룩하단다.
정말 그럴까? 너무 비하시키지 마셔

그래도 한 그루 사과나무를 심는 사람
우리 아저씨 같은 사람도 있어.
슈퍼맨! 슈퍼 좀 갔다 와요.

대설 혹은 공습경보

—원고지로 불쏘시개를 한 이반 이야기

설마 했는데
완전고립이다
눈이 지붕을 덮고
길이 끊겼다
새들도 속수무책
처마 밑으로
날아든다.

전기가 끊기더니
전화가 불통되고
하얀 암흑 속에
설상가상
보일러마저 꺼졌다.

혁명!

이럴 때 시란
무슨 소용? 밤새

써둔 원고지를
불쏘시개 삼아
페치카 불을 지핀다.
잘 가거라 잘 가거라
내 정신이며 분신들아
예술이 무슨 소용이며
사랑이 무슨 소용인가
살아야 한다 이 밤을
넘겨야 한다 이 고통
설통을 뚫고서라도
기어서라도 나가리

드디어 날이 새고
쏟아지는 햇살에
눈이 녹았을 때
이반이여!
그대 허망한 절규
–차라리 육신이 죽고

정신을 놔 둘 걸...

그렇게 외쳤다지.

*이반은 몇 날 며칠에 걸쳐 쓴 원고를 불쏘시개로 혁명 전야의 추위를 이겼다가 그 글이 다시 떠오르지 않아 통한을 했다.

이상한 삼단논법

—난해시에 관하여

원숭이가 양파껍질을 깐다.
결국은 아무것도 없는 마트로시카*
아무리 뒤집어 봐도 끄집어낼 게
없는 속빈 강정을 까뒤집어 본다.
마음을 뒤엎고 생각을 정리하고 온갖
궁구를 다 해보지만 결국 그게 그거다.
껍질과 속살은 붙어있다. 그 속에 향 있다.
형식과 내용은 결국 한 통속이다 아무리 파고들어도
영혼과 육신을 나눌 수 없는 것처럼
이게 시다. 말 속에 말 있고 보면
그게 어떤 유의 메시지이건 그 속에 있다.
자장면은 자장면이고
짬뽕은 짬뽕이듯 결국은
중국집 주방장의 손에서 나와 식탁에 차려지듯
시란 그런 것이다. 차려진 언어의 요리 그 자체다.
육각형의 물을 씹어야 물이라는 말은 이미 상업광고
양파는 광고 안 해도 잘 먹잖아? 우리는 그걸 원해
초치지 말고 껍질 벗기지 말고 대충 씻어 줘.
그렇다면, 시가 그러하다고 하면

글은 곧 그 사람이라는데 시인은 어떤가?
목욕탕 안에서 보면 다 그게 그거다. 그렇지만
참시인은 눈빛이 살아나 눈빛 속의 영혼 있지
그러면 그 속도 벗겨 볼까나?
여기서 모순이 생기는 거야.
양파는 벗겨볼 수도 안 벗겨볼 수도 없다.

*작은 인형이 나올 때까지 열고 열고 또 여는 러시아 인형.

태 몽

어머니의 장롱 속에서
내 배내옷이 나왔다
밑바닥 저 깊숙이 빛바랜
혼서지와 사주단자도 나왔다
대체 무얼 하려고 이런 걸
여태 간직한 걸까? 막상 찾던
일습은 어디로 갔는지 모르겠다
농협 상조회원들이 가지고 온
치마 저고리도 괜찮다고들 하지만
개운찮다 분명 어딘가
차곡차곡 개켜져 있을 텐데
당신 손수 베 떠 만든 수의
살아생전 택시 타기도 겁이나
버스만 고집하던 분이 리무진 탄다
꼼짝없이 누운 채 화장장까지
얼마나 갑갑할까 그래도 호상이라고
소주잔들 비우며 부조금 챙겨쌌는데
수목장 한다고들 난리법석인데
뜨겁지 않았을까 굴뚝을 빠져나가는

새들… 또 다른 세상은 있는 것일까
지구를 떠나면 치매도 없는 신천지
오히려 푸른 별을 내려다보고
물레처럼 도는 지구를 보고
어지럼증을 느끼지는 않을까
곁에도 가기 싫다던 아버지는
만나보실까 다시 살자고는 않겠지
만나서라도 그냥 슬쩍 지나치시겠지
장에 갔다 오다 주막집도 안방에 앉은
당신을 보고도 못 본 척 그냥 지나쳤듯이
겁이 나 말도 못 부치시겠지
이런 꿈을 사람들은 태몽이라 하지만
난 아니야 나이 벌써 몇인데
태몽이야? 망단한 지 언젠데
그러면 며느리 꿈이라지만
해몽도 필요 없이 별점 치는 우크라이나 아이
일부러 피임하는 아이에게 무슨 꿈을 팔아
동네방네 망신살 다 뻗쳤다
괜히 태몽 이야긴 해가지고.

산이 나무를 키우는 것은

산은 본시 산이 아니었다.
마리아나 해구에서 훌쩍 뛰어
에베레스트가 되고 날치처럼
동해에서 펄쩍 날아올라
독도가 되었다 이 사실은
암모나이트가 과학적 증명을 한다.
왜 그랬는지는 모른다. 한번 우쭐했는지
따라서 산은 샘물을 분출
내를 만들고 강줄기를
흘려보내는 것이 일이 되었다.
눈물 같은 참회, 그는 과연
바다에서 무슨 짓을 하였을까?
산은 이제 만용을 후회 한다.
가슴 밑바닥 화산도 터뜨려 보고
바위를 굴려 모래알이 되도록
제 몸을 깨부숴 자학도 해보지만
산은 언제 돌아갈지 모른다. 만시지탄이다
산이 높다고 자랑하지 않음도 그 때문이다.
조용히 엎드려 부복하는 자세로

쏟아내는 저 폭포줄기를 보면
이제 돌아갈 수만 있다면, 제 자리에
돌아가 처음처럼 박히리라
통성기도를 하는 것 같다.
큰 산도 아무리 깊은 물도
제 자리를 떠나면 돌아갈 수없다.
날개를 얻지 않고서는. 그렇다고
이카루스의 밀랍날개로는 어림없다.
오오! 돌이킬 수 없는 실수.
산이 밤 새 우는 이유가 여기 있다.

어떤 청첩장

당신은 늘 돼지마구 같은 냄새가 나
피해서 돌아앉았어. 어릴 때는
학교근처에서 만날까 봐 겁났어.
웨딩마치에 맞춰 내 손을 잡아
신랑에게 인도했을 때에도
나는 그게 두려웠어. 상견례 할 때
봤거든 손톱 밑에 새까맣게 낀 때
그 굵은 손마디가 우리를 키웠다는 걸
알면서도 알고 싶지 않았거든
부끄럼이란 체면에 먹칠 할 때
생겨나잖아? 일종의 자존심이겠지
그런데 그게 잘못되었다는 걸
비로소 깨달았을 때, 때는 이미 늦었어.
당신은 당신의 어린 손녀를 구하려
불구덩이 속을 뛰어 들었어. 집도 타고
돼지도 타고 홀라당 다 탔는데 그런데
수진이만 창 밖으로 내던져진 거야
오늘이 수진이 결혼식이야.
밉진 않아 화상이 좀 남아 있긴 하지만

근본은 반듯한 아이니까 올 거요?
당신이 구해낸 아이니까 올 거죠?
손톱 밑에 때 안 빼고 와도 돼요
오늘 신부는 공중에서 저 혼자 내려온대요.
손잡고 입장할 애비가 없으니까 선녀처럼.
수진이 보러 오세요, 아버지, 꼭이요.

혹등고래의 노래

남극바다에서 겨울을 난
혹등고래의 이동경로를 TV에서 봤습니다
호주를 감돌아 동서쪽으로
한 무리씩 방향을 잡는데요
수컷들은 신음소리 같은 노래 소리로
암컷들을 유혹 한다는군요
그런데요 서쪽으로 도는 놈들은
그 소리가 낮고 동쪽으로 도는
놈들은 그 소리가 높대나요?
그건 또 왜 그럴까요
그게 진행자의 의문인데요
또 간혹 가다 무리가 서로 뒤엉켜
섞이기도 한다는데요 그때는
신음소리가 높던 놈들이 낮게 되고
낮던 놈들이 높게도 된다는데요
그게 도대체 무슨 조화일까요?
이게 오늘 아침 본 TV프로인데요
나도 가끔씩은 그래요
코 울음 소리같은 절정음에 따라

달라지거든요 상대에 따라
휘파람이 되었다가 으르렁거림이
되었다가요 오늘 당신을 만나러
가는 길 동쪽으로 갈까 서쪽으로
갈까 그게 관건이라니까요.

걸핏하면 마누라에게 쫓겨나던 친구

겨울낚시를 갔더랬다 아직 봄이 이른 수초 밭 얼음장을 깨고 미끼를 던졌어 입질도 없는 기다림 발이 저려오지 모닥불을 피우고 소주를 깠어 한 마리라도 건져 올렸으면 펄펄뛰는 회를 쳤거나 소금구이라도 해 먹었을 텐데 우리는 헛탕을 쳤어 이럴 때 논길 끝까지 가 라면을 사오던 그런 친구가 있었다네

겨울산행을 갔더랬다 무릎을 재는 눈발 속에서 발목을 삐어 앉아 있었지 설상가상이라 했든가 날은 저물고 갈 길은 멀지 혼자 가도 아득한 길인데 어깨를 끼고 걷는 발걸음 운동회 때나 하던 이인삼각 놀이를 했지 어디 빈 절간이라도 찾아내야 할 텐데 깜깜 어둠 그래도 끝까지 동행하던 그런 친구가 있었네

젖은 나뭇가지 불붙이듯 피워 올리던 우리들 한때는 가고 철새조차 제 갈길로 돌아가지 않는 이상기후를 걱정하며 지구 위를 걷던 친구 명퇴로 자유와 목돈을 쥐었다 껄껄거리던 친구 오늘은 마누라 곁으로 그를 먼저 보내고 우리끼리 한 잔 하자는데 캬, 한 잔! 그가 먼저 술집 문을 밀치며 따라들 오란다

빠삐용이

종신형을 받은 죄목이 청춘을 낭비한 죄라는 말이 맞는가? 어디서 읽은 이야기 같은데 잘은 모르겠다 설마하니 그렇게 까지야 했을라구 영화 빠삐용을 촬영했다는 그 까마득한 절벽 위에 섰을 때 비로소 깨닫는 바가 있었지 그가 무엇 때문에 목숨을 걸고 탈출을 시도했어야 했는지 누구나 한번쯤 사방이 절벽으로 둘러싸인 바위섬 같은 곳에 갇혀봐야 알아 지금까지 뭘 하고 있었는지 자유라고 생각했던 그것들이 자유가 아니었다는 것을 그게 곧 바로 낭비였다는 것을.

깃털처럼 가벼이 날 수 있을까 오늘도 탈출을 시도해보는 종신수.

| 후기 |

시는 술이요 소설은 안주다

1.

글공부 50년.

등단 40년 만에 세 번째 시집을 낸다. 십년 만이다.

꼭 무슨 년도별 기념시집 같지만 그런 건 아니다. 그래도 시집으로 묶을만한 작품들을 골라 뽑다보니 시집 한 권 엮는데 대충 십년 정도 걸린다. 과작인가? 아니다. 나는 늘 시를 껴안고 산다. 쓴 시 수 백편 중에 70편을 골라내었으니 두 달에 한 편 정도는 썼다는 이야기다.

이 정도면 시에 대한 내 짝사랑도 부끄럽지 않다는 생각이다. 다만 그동안 소설 희곡 아동물 여행기 기사 잡문 써 밥 벌어먹는 문필업자 생활 하느라, 내 인생의 전부를 걸었던 시에 대한 순순한 열정은 다소 희석되었지만 여전히 나는 - 그래도 107권의 저서를 가진 것을 긍지로 삼고 - 시를 사랑

한다.

시인은 시처럼 살아야 한다. 어떤 것이 시처럼 사는 일인가? 이 질문에는 "시삼백편이면 사무사"라는 공자의 케케묵은 말을 또 한번 인용할 수밖에 없다. 생각에 사특함이 없이 살 일이다. 시는 이 사악함을 이기기 위한 자기수양이다. 시는 말로만 되는 게 아니기 때문이다. 말은 곧 그 사람이다. 말 다르고 글 다를 수가 없다. 하여 '글은 곧 그 사람'이라는 말이 만고진리가 되는 것이다.

시인이라면 누구나 이 진리 속에서의 자유를 원할 것이다.

시는 마음을 다스리고, 사랑하고 싶은 이에게 말을 건네고, 자연과 세상에서 오는 소리를 듣고 전해주는 조그만 소통의 속삭임이다. 물 흘러가는 소리 같은 노래인 것이다. 그러나 서구문명의 시론 속에서 양산되는 요즘 시들 속에는 말 같은 말은 없고 겉껍데기들만 나뒹굴어 오히려 소통을 방해하는 제 목소리만 높다.

나는 시와 소설을 겸작兼作한다. 하나는 육성이요 하나는 가성이다. 하나는 가슴에서 우러나는 정한의 노래요 하나는 머리를 통해 입으로 뱉어내는 사설이다. 하나는 스스로를 다스리는 말이요 하나는 세상을 다스리려는 말이다. 어느 거나 말은 말이다.

말은 바람이다. 바람은 아무도 볼 수 없다. 나뭇가지가 흔들릴 때 그리로 바람이 지나가는 것을 알 수 있다지만 풍

차를 돌려 충전을 했다가 드디어 전깃불로 만들어낼 때 빛이 빛으로 보이듯 말은 그 말을 글자로 바꾸어 문장으로 나타낼 때 비로소 작품이 되는 것이다.

말은 언어요 작품은 언어의 몸이다. 몸에는 손과 발이 있고 가슴과 어깨 얼굴이 있다. 작품에도 사지와 얼굴이 있다. 뿐만 아니라 혼도 있다. 이 말을 몸으로 바꾸어 혼을 불어넣을 때 시행착오가 생긴다. 얼굴화장에 따라 그 사람이 달라 보이듯 애시 당초 보여고 주려고 했던 건 이 모습이 아닌데 전혀 엉뚱한 게 내비쳐지는 요술거울이 바로 글쓰기의 어려움이라는 것이다.

마술도 배워야 마술을 부리듯 글도 배워야 읽고 쓸 수 있다.

글을 똑바로 써놓지 않고 100% 읽어주기를 바랄 순 없다. 다만 바른 글인데도 독자의 체험과 안목이 이를 따라주지 못한다면 하는 수없는 노릇이다. 시는 누구나 접근할 수 있는 대중문학이 아니다. 옛날부터 선비들은 선비문화가 따로 있었고 서양에도 살롱문화가 따로 있었다. 아무나 시를 쓰고 읽어내기를 바랄 수는 없다. 음악에 클래식이 있고 대중가요가 공존하는 것과 마찬가지다. 때문에 순수문학과 대중문학의 선이 그어진다. 어느 게 좋다 아니다, 하는 단순선택의 문제가 아니다. 청바지와 한복이 공용되는 것과 마찬가지다.

나는 이 두 간극을 함께 풀어보려 하나는 시로 하나는 산문으로 써낸다. 생활시나 여행시 쉬운시를 쓰느니 이런 소재들은 차라리 장르를 달리해서 산문으로 표현한다. 최소한 시만큼은 격조를 높이고 싶기 때문이다. 처음 소설을 쓰기 시작할 무렵 '소설로 돈벌어 금장 입힌 시집 만들겠다.' 큰소리치며 −주간지 같은 데서 청탁이 와도 시를 주지 않을 만큼 시의 자리를 높였지만−그 꿈은 아직도 이루지 못한 미련으로 남아, 나는 아직도 시만큼은 기성품처럼 만들고 싶지 않다.

2.

나는 '시는 술이요 소설은 안주'라고 배웠고 또 그렇게 가르친다.

술은 마시면 취한다. 취하지 않는 술은 술이 아니다. 취하라고 마신다. 시는 읽으면 감동한다. 따라서 감동 없는 시는 시가 아니다. 술은 알코올 농도에 따라서 취하는 강도가 다르다. 주량에 따라서도 취하는 정도의 차이가 난다. 시 역시 마찬가지다. 시에도 농도가 있다. 시의 농도는 무엇으로 측정되는가? 독자의 수준이다. 애주가가 한 잔 술을 놓고 마음껏 취하듯 시는 독자의 취향이나 심미안이 취기를 돋우게 한다.

취하는 기운은 기氣다. 기는 감성이다. 따라서 시는 감성을 자극해 취하게 만드는 작용을 한다. 이를 정화작용 혹은 카타르시스라고도 한다. 그러면 안주는 무언가? 상대적으로 기를 제어하는 이理에 해당한다. 이성은 감성의 지나침을 막으려 한다. 술의 해독을 적당히 희석시켜주는 역할을 한다. 그러면서도 더 많은 술을 마시게 하기도 한다.

시의 궁극적 목적은 자기 정화, 즉 카타르시스다.

현대인들은 시보다는 음악이나 마약을 통해 카타르시스의 극치인 엑스타시Ecstasy를 구하려 한다. 혹간 시를 읽더라도 사이버 상에 떠오른 가상공간을 선호하는 독자가 늘고 있다. 오래 생각하기 싫다는 것이다.

독서의 가장 중요한 점이 읽고 생각하는 사이에 마음을 갈앉혀 고요와 평안을 얻자는 것인데 먹으면 먹을수록 읽으면 읽을수록 들으면 들을수록 갈급해지는 속성들에 길들여지고 있다는 것이다. 빨리빨리 문화가 생성된 원인 중의 하나다. 따라서 책이 안 팔리고 책이 안 팔리니 책을 안 만들게 되고 서점이 문을 닫고 시인이나 작가들이 글을 못 쓰게 되는 악순환이 되풀이 되는 것이다.

글과 독자의 사이에는 피드백Feedback이 형성된다. 이 일치점이 공감대를 형성하는데 체험의 폭이 넓거나 작자와 독자의 경험이 비슷할 경우 접점이 가까워진다. 문화의 차이가 심할수록 이 접점은 멀어진다. 술은 술 자체에 알코올이 들어있어 마시면 취하지만 글 속에 숨겨진 보물은 독자가 찾아내지 못하면 소용없는 보물찾기와 같다.

글쓴이와 독자의 피드백이 원만히 이루어져야 한다. 시

가 어려운 이유가 여기 있다. 산문은 과학적 언어로 씌어졌기에 곧이곧대로 읽으면 누구나 이해할 수 있다. 소설을 읽으며 그게 무슨 말인지 모르겠다는 사람은 없다. 그렇지만 시는 애매모호한 점이 많아 이해가 어렵다. 그게 시의 특성인데, 그 부분은 상상에 맡겨야 －아! 하면, 어! 하고, 손바닥을 마주치면 소리가 나듯－ 하는데도, 독자의 상상력 부족으로 온전한 시 읽기가 이루어지지 않는 현실이다.

나는 술과 안주를 함께 파는 가게를 열고 있는 전업 작가 생활을 30년 동안 했다. 취하게도 하고 깨우게도 하는 일, 취하게 하는 시는 가슴으로 쓰고 깨우게 하는 소설은 머리와 손끝으로 쓴다. 둘 다 엉덩이 싸움이다. 그만큼 시간을 요하는 중노동이다. 쓰기의 어려움이다. 당연히 읽기에도 어려움이 뒤따라야 한다.

시는 생략되고 압축된 표현과 상징성을 그 생명으로 하기에 공부하지 않고서는 감상할 수 없게 된다. 피드백이 형성되지 않기 때문이다. 그러면 이해할 수 있는 시를 만들면 될 것 아니냐하여 '쉬운시' 라는 게 등장하게 되었다. 그런데 또 다른 문제가 생겼다. 그런 시는 한번 읽고나면 다시 읽고 싶은 깊은 맛이 없다는 것이다. 내용을 다 알아버렸다는 것이다. 시는 내용을 알기 위해 만들어지는 물건이 아니라는 것이다.

시는 지식의 전달이 아니라 느낌의 전달이다. 술이 영양 공급을 위한 음식물이 아니라 마시고 취하고 싶은 기호식품

이듯, 시는 말놀이다. 일종의 퍼즐놀이 같은 것이다. 게임을 즐기고 싶은 이들만 즐기는 고급놀이라는 것이다. 피겨스케이팅이나 골프와도 같은 것이다. 단순 스포츠를 보는 데에도 일정 룰을 이해할 필요가 있다. 하물며 최고급 말놀이인 시를 감상하는데 있어서야.

시의 포인트는 압축과 상징이다.

시의 압축성과 성징성은 어디까지 갈 수 있는가?

이 시집의 시 한 편을 본다.

곧

나다.

—「네가」(전문)

단 두 줄 시다. 그것도 두 단어에 지나지 않는다. 제목과 붙여 읽지 않으면 도저히 무슨 말인지 모를 글이다. 처음엔 제목을 '하나님이 가라사대' 라고 붙여놓고 '네가/ 곧 나다' 라고 썼다가 그냥 '가라사대' 라고 고쳐 성서적 이미지를 좀 숨겨보았다가 아주 바꾸어 버렸다.

이유는 간단하다. 그건 기독교적 발상으로 상상의 폭에 제동을 걸 수 있기 때문이다. 또한 저 유명한 원죄의식을 다룬 '〈뱀〉 길다.' …라는 장 콕토의 시를 연상시킬 수 있어 표절의 의혹도 살 수 있다는 점이다. 시는 연상 작용까지도 모방을 해선 안 된다. 모르고 하는 거야 어쩔 수 없겠지만 알고

서는 안 된다. 어쨌거나 '네가 곧 나' 라는 말은 창조주의 영성을 그대로 물려받은 에덴동산의 처음 사람일 수도 있지만 아닐 수도 있다는 것이다.

그 누군가 한 사람의 대상을 두고 '네가 곧 나다' 라는 보다 축약된 해석을 할 수도 있다면 축약은 차츰 커져 엄청나게 확대될 수도 있다는 것이다. 사람이 아닌 자연을 두고 네가 나라고 해도 그 해석이 가능하고 고무줄처럼 잡아 늘리자면 '인내천人乃天' 일 수도, '산은 산이요 물은 물이요' 도 될 수 있다는 이야기다.

너와 내가 하나라는 등식이 성립된다면, 너와 내가 하나같이 동등할 수 있다면, 가난한 자와 부자가, 종교와 종교가, 국가와 국가가 하나일 수 있다면 다툼도 전쟁도 없을 것이다. 이 동등권 내지는 합일을 순간에서 영원까지의 시간과 이곳에서 그곳까지 공간 확대까지, 더 나아가서는 사랑과 평화 또는 삶과 죽음에까지 이를 수도 있다는 것이다.

이게 바로 시의 특장인 압축성의 비밀이다. 이런 압축성은 왜 필요한가? 그 다음 오는 상징성을 숨겨두기 위함이다. 상징성이란 무언가? 다층적 다중성이다. 나는 이 시를 또 고치기를 수십 번 하였다. '곧' 자를 넣느냐 빼느냐의 문제였다. '곧' 이라는 말을 넣은 것은 명사의 앞에 붙어 강조의 뜻으로 쓰이는 효과와 부사어로 사용될 때의 시간과 때를 나타내는 효과를 노린 포석이기도 하지만 한 박자 쉬어가는 운율을 살리자는 의도도 있다.

글자 하나를 두고 뭐가 그리 복잡한가? 시인은 모름지기 이 글자바둑을 즐긴다. 독자 역시 이를 즐길 줄 알아야 시 읽기가 행복해진다고 보는데 어떤가. 결국에는 시인과 독자와의 내기판인 것이 시다. 일방적이 아니라는 이야기다. 쌍방 소통이 필요하다는 것이다.

나는 이런 압축과 상징성을 숨기고 풀어내는 일이 시 쓰기와 시 읽기라 한다.

시詩는 말씀 언言자에 절 사寺자가 합성된 글자다. 말씀의 집이라는 뜻이다. 법어法語라는 말이기도 하다. 법어는 함부로 읽고 새기지 않는다. 마찬가지로 시는 시인이 절반을 쓰고 읽는 독자가 그 절반을 채우며 읽어야 완성품이 된다. 그러한 무책임한 소리가 어디 있느냐고, 그 골치 아픈 숙제까지를 독자에게 요구하는 것은 억지라는 반발이 쏟아져 '쉬운시'가 태동되어 '귀신 씨나락 까먹는 소리 같은 어려운 시'와 양분되었다.

아마도 지금 대다수 발표되고 있는 시는 쉬운시에 속한다 할 것이다. 그런데 이러한 문학의 흐름을 모른다면 시의 재미보다는 글자만 읽어 내려가는 꼴이 된다. 따라서 공부가 필요하다. 독자에게 요구되는 상황이다.

3.

시는 짧아야 한다.

이 말만 생각하면 나는 아직도 공황상태가 일어난다. 군대에 있는 동안 신춘문예에 당선이 되었는데 신춘문예 당선됐다고 죽도록 얻어터지는 사건이 있었다. 기억도 뚜렷하다. 1969년 12월 24일. 외출증을 끊어 교회에 나가 크리스마스 성극을 연습시키고 있었는데 귀대명령이 떨어졌다. 주번사령 왈 '교회 간대서 외출 보내 줬더니 어디 가서 무슨 간첩짓을 했느냐?' 다. 다짜고짜 군화발길질이 시작되어 무르팍이 피로 물들었다. 이유인즉 방첩대에서 호출이 왔다는 것이다.

실컷 얻어터지고 찾아간 방첩대에서 만난 사람은 신문사 지국장이었다. 신춘문예당선 통지와 더불어 당선소감을 받으려고 방첩대에 도움을 청해 나를 찾았다는 이야기다. 비로소 눈물이 흘렀다.

돌아와 사건의 전말을 보고하는데 다시 군화발길질이 쏟아졌다. '군인이 시를 왜 써 이놈의 새끼!' 였다. 그러면서 '시가 뭐냐' 고 다그쳤다. 엉겁결에 내쏟은 말이 '시는 짧은 글' 이라는 말이었는데 그게 거기서 그치는 일이 아니었다. 시를 쓰게 해준 부대장님께 먼저 감사하다는 당선소감을 써 보낸 것까지는 좋았는데 당선작이 발표되고 난 뒤 이게 무슨 짧은 글이냐며 또 얻어터졌다. 이때 얻어터진 것은 수긍이 간다. 군인이 월남전을 반대하는 글을 쓴데다가 장시였기 때문이다. 몰라, 암호문처럼 직조돼 있는 그 장시가 월남전을 반대하는 내용이었던 것을 알기는 알았을까? 어떻든 이 사건 이후 나는 행정병에서 돼지우리 초병으로 전락하고 말았으니 그 해 겨울은 정말 춥고 배고팠다.

그것까지는 군대니까 있을 수 있는 일이라 치자.

제대 후 모신문사 시험을 치르고 면접을 보는데 사장님이 '시가 뭐라고 생각하세요?' 라고 묻는 것이었다. 자기 딴에는 날 시인이랍시고 가장 쉬운 질문을 던졌는데 내겐 폭탄이었다. 순간 공황장애가 일어나 눈앞이 캄캄해지며 토할 것 같아 그 자리를 뛰쳐나오고 말았다.

이제야 비로소 하는 고백이지만, 황급히 뒤따라 나와 나를 부르던 데스크의 목소리를 들은 척도 않고 냅다 뛰어 홍콩바에 가 술을 퍼마셨던, 내겐 일생일대의 역사적 사건을 이광석 시인님은 아마 잊(기억?)고 있을 것이다. 언젠가 한번 말 하리라 했던 이야기를 비로소 털어놓는다. 당신은 나를 불러 쓰고 싶어 필기시험 망친 것도 접어두고 일부러 면접을 보게까지 했는데… 벌써 40년이 다 돼가는 이야기다.

시는 짧은 것만 있는 것은 아니다.

나는 장시를 많이 썼다. 길게는 수천 행에 달하는 서사시도 있고 수백 행짜리 장시도 있다. 이 시집 후반부에도 긴 시 몇 편을 수록했지만 영 재미가 없다. 산문시 역시 마찬가지다.

서사구조가 있는 시는 어쩌면 산문의 영역일지 모른다는 생각이다.

시는 산문이 아니기 때문에 시다. 산문의 영역과 시의 영역은 구분 지어져야 한다. 아무리 산문시에 내재율이 있다 해도 운율만을 가지고 시라 할 수 없을 것이기 때문이다. 그렇지 않다면 굳이 시를 쓸 필요 없이 산문을 쓰면 될 일이다. 모든 게 혼용되어 장르 구분도 불필요한 불확실성의 시대이긴 하지만 시는 시로서의 자리매김을 다시 해야 한다. 형식의 문제다.

4.

시는 커피향이다.

아니면 녹차의 그 쌉쌀하고 달큼한 맛이다. 차는 아무나 마시는 게 아니다. 마시기 버릇하면 계속 마시게 되는 중독성 음료다.

시는 한번 읽고 치우는 글이 아니다.

음악을 듣고 또 듣고 하듯 그림을 한 자리 걸어두고 보고 또 보듯, 시 역시 음미하고 또 다시 음미할 때 제 맛이 나는 것이다. 쓸 때도 그렇게 시적장치를 해야 하고 읽을 때도 그렇게 갉아먹듯 읽어야 한다. 일회성이 아니라는 이야기다. 때문에 시집은 사서 읽어야 하고, 취향에 맞는 시인을 골라두고 차 마시듯 음미할 때 제 맛을 알게 된다. 지식을 습득하기 위해 훌떡 읽는 책 하고는 다르다는 이야기다.

서가에는 그저 몇 권 시집, 애송 시인이 있어야 한다.

시는 내 고장 내 나라말로 내 마음과 내 시대를 비춰보는 거울이다. 이 거울은 때가 묻으면 보이지 않게 된다. 거울을 닦는 일은 시인과 독자가 함께해야 할 작업이다. 야! 하면 호! 하는 산울림처럼 의기투합하는 시인과 독자가 만나 행복해야 한다.

시는 사정이다.

오랜 시간 구애작전을 펴다가 드디어 사랑을 나누는 행위, 그 뒤끝에 오는 오르가즘이다. 1:1의 교감인 것이다.

나는 많은 독자를 원치 않는다.

많은 독자를 위해서 시를 쉽게 쓰지 않겠다는 말이다. 단 한 사람의 독자일지라도 내 시를 읽고 느낌을 가졌으면 하는 바람이다. 그 느낌은 슬픔일 수도 기쁨일 수도, 행복일 수도 불행일 수도 있을 것이다. 다만 그 느낌으로 살아가는 일에 어떤 전기를 마련할 수 있었으면 하는 것이다. 독자에게 거는 기대가 너무 크나?

과연 그런 시를 써놓고 하는 말인가.

시가 사라진 사회는 사막이다.

지구촌 전역이 빠른 속도로 사막화 되어간다는데 마음까지 사막으로 만들어서야 되겠는가.

—새천년을 보내며 풀과나무의집에서

표 성 흠 씀

경남대표시인선●006

네가 곧 나다
표성흠 시집

초판 인쇄 | 2009년 9월 25일
초판 발행 | 2009년 9월 30일

지은이 | 표 성 흠
펴낸이 | 오 하 룡
펴낸곳 | 도서출판 경남
631-430 마산시 서성동 66-18
☎(055) 245-8818~8819
FAX(055)223-4343
http://www.gnbook.com
e-mail:gnbook@empal.com
등록 제2호(1985. 5. 6.)
편집팀 | 오태민 | 심경애 | 구도희

ISBN 978-89-7675-578-0-04810
〔값 10,000원〕